Les Contes de

LA CHÈVRE GROGNON

Heather Amery

Illustrations : Stephen Cartwright

Traduction : Lorraine Beurton-Sharp

Il y a un petit canard jaune à trouver à chaque page.

A la ferme des Pommiers.

Madame Dupré est fermière. Elle a deux enfants, Julie et Marc, et un chien, Caramel.

Jean travaille à la ferme.

Il demande aux enfants de nettoyer la cabane de la chèvre.
«Va-t-elle nous laisser faire ? Elle est si grognon.»

Brunette, la chèvre, poursuit Marc.

Elle lui donne des coups de tête. Il manque de tomber.
Marc, Julie et Caramel se sauvent par la barrière.

Julie ferme la barrière.

Ils doivent faire sortir Brunette de son enclos pour aller dans sa cabane. «J'ai une idée», dit Marc.

Marc a du pain dans un sac.

«Viens manger le bon pain, Brunette ! dit-il.» Brunette mange tout, même le sac, mais elle reste dans l'enclos.

«Essayons de l'herbe fraîche», dit Julie.

Elle arrache de l'herbe et la laisse à la barrière. Brunette la mange, mais repart en trottinant dans l'enclos.

«J'ai une autre idée», dit Marc.

«Brunette ne fonce pas sur Jean. Elle ne foncerait pas sur moi si je lui ressemblais», dit Marc. Il repart en courant.

Marc revient, habillé comme Jean.

Marc a trouvé le vieux manteau et le chapeau de Jean. Il entre dans l'enclos, mais Brunette fonce encore sur lui.

«Je vais chercher une corde», dit Julie.

Ils entrent dans l'enclos. Julie essaie de jeter la corde par-dessus la tête de Brunette. Elle rate.

Brunette les poursuit tous.

Caramel sort de l’enclos en courant et Brunette le suit.
«Elle est sortie ! crie Marc. Vite, ferme la barrière.»

Marc et Julie nettoient la cabane de Brunette.

Ils balaient la paille sale et la mettent dans la brouette.
Ils étalent de la paille fraîche.

Julie ouvre la barrière.

«Viens, Brunette. Tu peux rentrer maintenant», dit Marc. Brunette revient en trottinant dans son enclos.

«Tu es une vieille chèvre grognon», dit Julie.

«Nous avons nettoyé ta cabane et tu es toujours grognon
dit Marc. Brunette, la grognon !»

Le lendemain matin, ils rencontrent Jean.

«Venez voir Brunette», dit Jean.
Ils se dirigent tous vers l'enclos de la chèvre.

Brunette a un petit.

«Oh ! comme il est mignon !» dit Julie. «Brunette n'a plus l'air grognon», dit Marc.

©1992 Usborne Publishing Ltd, Usborne House, 83-85 Saffron Hill, Londres, Angleterre. © 1994 Usborne Publishing Ltd pour le texte français. ISBN 0 7460 1882 7.
Première publication au Canada en 1994 par Les éditions Héritage inc. ISBN 2 7625 7616 4.